AF192534

RECETAS Y FOTOGRAFÍAS
DE AUDREY FITZJOHN

SUPERFÁCIL
COCINA CON 3 - 6 INGREDIENTES

SIN GLUTEN

Librero

Índice

V = receta vegana

(V) = receta vegana

La compra sin gluten

La dieta sin gluten consiste en excluir de la alimentación el trigo, la cebada y el centeno. Se trata de una dieta beneficiosa en gran medida, en particular porque mejora las digestiones, mantiene el colesterol bajo control y aumenta la energía. Y se puede escoger tanto para tratar la celiaquía como ante una sensibilidad al gluten, así como una opción dietética.

Nota

Muchos alimentos elaborados esconden gluten, así que lea bien todos los envases. Existen productos básicos, como la mostaza, la salsa de soja o el chocolate, que pueden contener gluten, de manera que fíjese siempre en su composición.

Los indispensables

Harinas

- ☐ mezcla de harinas sin gluten
- ☐ harinas de arroz, de maíz, de trigo sarraceno, de castaña, de garbanzo, de tapioca, de patata, de sorgo.

Alimentos con almidón

- ☐ pastas sin gluten compradas
- ☐ quinoa, polenta, mijo, trigo sarraceno
- ☐ lentejas, arroz
- ☐ castañas, boniatos, patatas

Levaduras

- ☐ Para pastelería: la levadura clásica contiene gluten; opte por una levadura sin gluten, ecológica.
- ☐ Para panes: la levadura de panadería puede tener trazas de gluten; escójala según su sensibilidad o con garantía de que no tenga trazas de gluten.

Gomas

Las gomas de xantana y de guar son aditivos que mejoran la textura de las preparaciones a base de harina sin gluten, actuando como agente aglutinante en preparaciones quebradizas.

Pan sencillo

 listo en 10 minutos

 **3 horas de reposo
45 minutos de cocción**

 para 1 pan

harina para pan sin gluten
(receta 64)
500 g

levadura de panadería
sin gluten
5 g

○ Precaliente el horno a 220 °C
durante 30 minutos.

○ Mezcle la harina con la levadura,
la sal y el azúcar. Añada 420 ml
de agua tibia (42 °C) y trabájelo
hasta obtener una masa
homogénea. Déjela reposar
3 horas a temperatura ambiente
en un bol tapado con un plato.

sal
½ cucharadita

azúcar
1 cucharada

○ Pase la masa a la bandeja
del horno forrada con papel
vegetal, forme una bola sin
eliminar el aire y cueza el pan
en el horno 45 minutos.

Fougasse con anchoas y olivas

2

 listo en 15 minutos

 **2 horas de reposo
40 minutos de cocción**

 para 1 pan

harina para pan sin gluten
(receta 64)
300 g

harina de trigo sarraceno
100 g

levadura de panadería
sin gluten
10 g

anchoas
× 12

olivas
70 g

aceite de oliva
50 ml

○ Mezcle la levadura y una pizca de azúcar con 320 ml de agua tibia (42 °C) y déjelo reposar 10 minutos.

○ Mezcle las harinas con las anchoas, las olivas, el aceite de oliva y la levadura activada. Salpimiente. Trabájelo 10 minutos, hasta obtener una masa homogénea.

○ Aplánela en la placa del horno forrada con papel vegetal y déjela reposar 2 horas a temperatura ambiente.

○ Precaliente el horno a 180 °C y luego cueza el pan 40 minutos.

Fougasse a las hierbas

3

 listo en 15 minutos

 **2 h 10 min de reposo
40 minutos de cocción**

 para 1 pan

harina para pan sin gluten
(receta 64)
400 g

levadura de panadería
sin gluten
10 g

○ Mezcle la levadura y una pizca de azúcar con 320 ml de agua tibia (42 °C) y déjelo reposar 10 minutos.

○ Mezcle la harina con el aceite, las hierbas y la levadura activada. Salpimiente. Trabájelo 10 minutos, hasta obtener una masa homogénea.

aceite de oliva
50 ml

hierbas de Provenza
2 cucharaditas

○ Aplánela en la placa del horno forrada con papel vegetal, esparza sal gorda por encima y déjela reposar 2 horas a temperatura ambiente.

sal gorda
1 cucharadita

○ Precaliente el horno a 180 °C y luego cueza el pan 40 minutos.

Pan de molde

 listo en 20 minutos

 55 minutos de reposo
45 minutos de cocción

 para 1 pan

harina para pan sin gluten
(receta 64)
390 g

claras de huevo
× 3

○ Mezcle la levadura y el azúcar
con 320 ml de agua tibia (42 °C)
y déjelo reposar 10 minutos.
Monte las claras a punto
de nieve muy firme.

azúcar
30 g

aceite de oliva
60 ml

○ Mezcle el aceite con el vinagre
y, a continuación, incorpore
la levadura activada. Con
cuidado, incorpore las claras
montadas. Añada la harina
y remueva 1 minuto.

○ Vierta la pasta en un molde
rectangular hondo y déjela
reposar 45 minutos.

vinagre
1 cucharada

levadura de panadería
sin gluten
8 g

○ Precaliente el horno a 180 °C
y cueza el pan 45 minutos.

Pan de nueces e higos

 listo en 15 minutos

 3 horas de reposo
45 minutos de cocción

 para 1 pan

harina para pan sin gluten
(receta 64)
500 g

levadura de panadería
sin gluten
5 g

○ Mezcle la harina con la levadura, las nueces, los higos troceados, la sal y el azúcar. Añada 420 ml de agua tibia (42 °C) y mezcle bien, hasta obtener una masa homogénea. Déjela reposar 3 horas a temperatura ambiente en un bol grande tapado con un plato.

sal
½ cucharadita

azúcar
1 cucharada

○ Precaliente el horno a 220 °C durante 30 minutos.

○ Pase la masa a la bandeja del horno forrada con papel vegetal, forme una bola sin eliminar el aire y cueza el pan en el horno 45 minutos.

nueces
80 g

higos secos
× 10

Pan de especias

 listo en 10 minutos

 40 minutos de cocción

 para 1 pan

harina de teff
250 g

miel
200 g

○ Precaliente el horno a 160 °C.

○ Mezcle la harina con la levadura y las especias. Entibie la miel a fuego lento y viértala sobre la harina, removiendo. Incorpore los huevos de uno en uno y, a continuación, añada la leche tibia.

levadura sin gluten
× 1 sobrecito

huevos
× 2

○ Vierta la pasta en un molde rectangular hondo y cueza el pan en el horno 40 minutos.

leche
100 ml

mezcla 4 especias
2 cucharaditas

Bollos de leche

 listo en 20 minutos

 2 h 45 min de reposo
20 minutos de cocción

 para 8 bollos

harina para pan sin gluten
(receta 64)
300 g

levadura de panadería
sin gluten
10 g

mantequilla
100 g

leche
240 ml

azúcar
40 g

yema de huevo
× 1

○ Mezcle la harina con la levadura y el azúcar. Mezcle la yema de huevo con la leche tibia y la mantequilla derretida, y viértalo sobre la harina. Trabájelo hasta obtener una masa lisa. Déjela reposar 2 horas.

○ Forme los bollos y dispóngalos en la bandeja del horno forrada con papel vegetal. Úntelos con leche y déjelos reposar 45 minutos.

○ Precaliente el horno a 180 °C y cueza los bollos 20 minutos.

Crackers de semillas

huevo
× 1

harina de arroz
20 g

harina de trigo sarraceno
20 g

semillas de lino
50 g

comino molido
1 cucharadita

aceite de oliva
1 chorrito

 listo en 10 minutos

 20 minutos de cocción

 para 30 crackers

○ Precaliente el horno a 170 °C.

○ Mezcle el huevo con las harinas, el lino y el comino. Salpimiente.

○ Unte bien con aceite una hoja de papel vegetal y coloque la masa encima. Cúbrala con otra hoja de papel vegetal y extiéndala en una capa bien fina.

○ Hornéela 20 minutos y rompa los crackers nada más salir del horno.

Cuñapés

harina de tapioca
160 g

queso feta
300 g

 listo en 10 minutos

 8 minutos de cocción

 para 20 bollos

○ Precaliente el horno a 260 °C.

○ Desmigue el queso y añada la harina, la levadura y una pizca de sal. Incorpore el huevo y la mantequilla. Trabájelo hasta obtener una bola.

levadura sin gluten
1 cucharadita

mantequilla ablandada
60 g

○ Forme bolitas con la masa y dispóngalas en la bandeja del horno cubierta con papel vegetal.

○ Hornee los bollos 8 minutos. Sírvalos enseguida.

huevo
× 1

Dip de espinacas

 listo en 10 minutos

 sin cocción

 para 4 personas

espinacas
× 1 puñado

yogur griego
250 ml

○ Ponga en el vaso de la
batidora las espinacas,
el yogur, los ajos y una pizca
de cada de sal y pimienta.

queso feta
60 g

nueces
20 g

○ Vierta la mezcla en un bol.
Esparza el queso desmigado
por encima y, a continuación,
las nueces troceadas.

○ Divida la coliflor en ramitos
pequeños y sírvalos para mojar.

dientes de ajo
× 2

coliflor
× ½

Hummus de judías blancas

 listo en 5 minutos

 sin cocción

 para 4 personas

judías blancas cocidas
× 400 g

diente de ajo
× 1

○ Triture las judías escurridas
con el ajo picado, el tahín,
el zumo de limón y la pimienta
de Cayena hasta obtener
una crema homogénea.
Añada un poco de agua para
desleírla si fuera necesario.

tahín
2 cucharadas

zumo de limón
2 cucharadas

○ Sírvala con los tirabeques
para mojar.

pimienta de Cayena
½ cucharadita

tirabeques
250 g

Chips de calabacín y parmesano

calabacín
× 1

parmesano
100 g

 listo en 10 minutos

 10 minutos de cocción

 para 30 chips

○ Precaliente el gratinador del horno a 220 °C.

○ Corte el calabacín en rodajas finas y extiéndalas en la bandeja del horno forrada con papel vegetal.

○ Esparza generosamente por encima el parmesano y rocíelo con un poco de aceite de oliva.

○ Déjelo en el horno unos 10 minutos, hasta que los chips estén bien dorados.

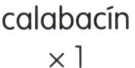

aceite de oliva
1 chorrito

Chips de tofu y sésamo

tofu extrafirme
200 g

aceite de oliva
1 cucharada

salsa de soja
2 cucharadas

sésamo crudo
1 cucharada

 listo en 5 minutos

 40 minutos de cocción

 para 30 chips

○ Precaliente el horno a 180 °C.

○ Corte el tofu en láminas finas
y dispóngalas en la bandeja del
horno forrada con papel vegetal.

○ Mezcle el aceite con la salsa
de soja, sal y pimienta, y
unte el tofu con la salsa.

○ Dore el tofu en el horno
de 35 a 40 minutos. Hacia el
final de ese tiempo, esparza
el sésamo por encima.

Bastones de polenta y hierbas

 listo en 10 min

 2 horas de reposo
45 minutos de cocción

 para 4 personas

polenta
220 g

caldo de verduras
1 litro

○ En un cazo a fuego medio,
mezcle la polenta con el caldo
caliente durante 2 minutos,
hasta que se espese.
Añada el parmesano, la
mantequilla y las hierbas.

parmesano
100 g

mantequilla
30 g

○ Viértalo en un molde cuadrado
de 20 cm y déjelo reposar
en el frigorífico 2 horas.

○ Precaliente el horno a 180 °C.

○ Saque la polenta del molde
y, con un cuchillo, córtela en
bastones. Dispóngalos en la
bandeja del horno forrada
con papel vegetal, úntelos con
un poco de aceite de oliva
y hornéelos 45 minutos.

hierbas de Provenza
2 cucharaditas

aceite de oliva
1 chorrito

Croquetas de beicon

 listo en 10 minutos

 6 minutos de cocción

 para 4 personas

patatas cocidas
250 g

harina de arroz
30 g

○ Con un tenedor, chafe las patatas cocidas con la harina.

○ Incorpore la yema de huevo y 1 cucharada de aceite.

○ Corte el beicon en trocitos e incorpórelo a la mezcla.

○ Caliente 1 cucharada de aceite en una sartén, divida la masa en bolitas y vaya dorándolas en la sartén presionando un poco para aplanarlas. Hágalas 3 minutos por cada lado. Sírvalas con el cebollino picado por encima.

yema de huevo
× 1

aceite de oliva
2 cucharadas

beicon
× 2 lonchas

cebollino
× 6 tallos

Gofres de calabacín

 listo en 15 minutos

 15 minutos de cocción

 para 4 personas

calabacines
× 2

huevo
× 1

○ Ralle los calabacines.

○ En un bol, bata el huevo
con la leche. Añada la harina,
la ralladura de calabacín,
el queso, sal y pimienta.

leche
60 ml

gruyer rallado
50 g

○ Caliente una gofrera y
vierta un poco de la pasta.
Cuente unos 3 minutos
de cocción por gofre.

harina de garbanzo
60 g

Higos rellenos

 listo en 10 minutos

 10 minutos de cocción

 para 4 personas

higos secos
× 4

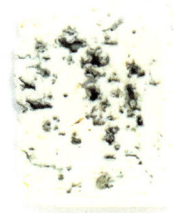

queso azul
125 g

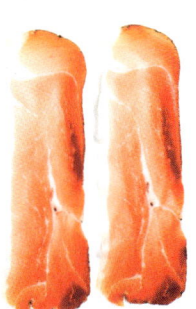

jamón de Parma
× 10 lonchas

○ Precaliente el horno a 180 °C.

○ Rellene los higos con el queso.

○ Envuélvalos con una loncha
de jamón cada uno.
Hornéelos 10 minutos.

Creps de champiñones

 listo en 20 minutos

 12 minutos de cocción

 para 6 personas

harina de trigo sarraceno
160 g

huevo
× 1

○ Bata la harina con 370 ml de agua fría. Añada el huevo y 25 g de mantequilla derretida.

mantequilla
45 g

chalote
× 1

○ Ponga una sartén engrasada a fuego fuerte y vierta un cucharón de la pasta. Dore la crep 2 minutos por cada lado.

○ Derrita 20 g de mantequilla. Rehogue el chalote picado y, a continuación, añada los champiñones cortados en láminas y rehogue otros 4 minutos. Vierta la nata y retírelo del fuego.

champiñones
500 g

nata fresca espesa
200 ml

○ Reparta el relleno de champiñones entre las 4 creps y dóblelas por la mitad.

Frittata

 listo en 5 minutos

 12 minutos de cocción

 para 4 personas

huevos
× 8

leche
60 ml

○ Precaliente el horno a 220 °C.

○ Bata los huevos y
añada la leche.

○ En una sartén de hierro colado
bien engrasada, ablande
las espinacas a fuego fuerte
durante 2 minutos. Vierta la
mezcla de huevo y leche y
cuézalo 5 minutos más.

queso feta
200 g

espinacas tiernas
× 2 puñados

○ Esparza sobre la frittata el
feta en trozos, los tomates
cherry partidos por la mitad
y las hojas de albahaca.
Termine de hacer la frittata
en el horno 5 minutos.

tomates cherry
200 g

albahaca
× ½ puñado

Flanes de zanahoria

zanahorias
× 3

huevo
× 1

harina de arroz
60 g

gruyer rallado
90 g

nata líquida
150 ml

comino molido
1 cucharadita

 listo en 10 minutos

 20 minutos de cocción

 para 10 flanes pequeños

○ Precaliente el horno a 180 °C.

○ Ralle las zanahorias. Bata el huevo con la nata. Añada la harina y el comino y, después, la zanahoria rallada, el gruyer, sal y pimienta.

○ Reparta la pasta entre 10 moldes pequeños para magdalenas y cueza los flanes en el horno 20 minutos.

Pan de pesto y mozzarella

 listo en 10 minutos

 45 minutos de cocción

 para 6 personas

harina de arroz
200 g

levadura sin gluten
× 1 sobrecito

○ Precaliente el horno a 180 °C.

○ Mezcle la harina con la levadura. Añada los huevos, la leche y el pesto. Incorpore a continuación la mozzarella cortada en trocitos. Salpimiente.

huevos
× 4

leche
125 ml

○ Vierta la pasta en un molde rectangular hondo y cueza el pan en el horno 45 minutos.

pesto
100 ml

mozzarella
125 g

Tortitas de plátano

 listo en 5 minutos

 2 minutos de cocción por tortita

 para 8 tortitas

plátanos
× 2

huevos
× 2

○ Chafe los plátanos con un tenedor. Añada los huevos y la leche.

harina de trigo sarraceno
60 g

levadura sin gluten
1 cucharadita

○ Incorpore la harina y la levadura sin gluten.

○ Caliente a fuego fuerte una sartén bien engrasada y vaya vertiendo pequeños cucharones de la pasta. Hunda unos arándanos en cada porción. Dore las tortitas 1 minuto por cada lado.

leche
120 ml

arándanos
100 g

Creps dulces

 listo en 10 minutos

 4 minutos de cocción por crep

 para 4 personas

leche
450 ml

huevos
× 3

azúcar glas
60 g

maicena
125 g

harina de arroz
125 g

mantequilla
40 g

○ Mezcle las harinas con el azúcar glas.

○ En otro bol, bata la leche con los huevos, y luego incorpórelo a la mezcla de harinas y azúcar. Añada la mantequilla derretida.

○ Caliente una sartén bien engrasada a fuego fuerte y vierta un cucharón de la pasta.

○ Dore las creps 2 minutos por cada lado.

Gofres

 listo en 5 minutos

 3 minutos de cocción por gofre

 para 4 personas

maicena
100 g

harina de arroz
100 g

○ Bata los huevos e incorpore la leche, las harinas, el azúcar y la levadura.

○ Cueza los gofres de inmediato durante 3 minutos.

huevos
× 2

leche
250 ml

levadura sin gluten
× 1 sobrecito

azúcar
30 g

Granola sin gluten

 listo en 5 minutos

 25 minutos de cocción

 para 4 personas

aceite de coco
3 cucharadas

miel líquida
3 cucharadas

anacardos
100 g

almendras
100 g

copos de quinoa
200 g

pasas
100 g

○ Precaliente el horno a 150 °C.

○ Mezcle los copos de quinoa
con las almendras troceadas
y los anacardos. Vierta el
aceite de coco derretido y
la miel, y mezcle bien.

○ Reparta bien la granola en
la bandeja del horno y deje
que se haga 25 minutos.

○ Cuando la saque del horno,
añada las pasas, déjela
enfriar y consérvela en un
recipiente hermético.

Porridge de quinoa y uvas

 listo en 10 minutos

 15 minutos de cocción

 para 2 personas

quinoa
100 g

leche
125 ml

○ Ponga a hervir la quinoa
en 375 ml de agua.

○ Cuézala a fuego lento
10 minutos, y luego añada
la leche y deje que hierva a
fuego lento otros 5 minutos.

manzanas
× 2

pasas
70 g

○ Pele y ralle las manzanas.
Añada la ralladura de manzana
y las pasas a la quinoa.

○ Sírvalo con las uvas partidas
por la mitad y la miel.

uvas
70 g

miel líquida
2 cucharadas

Magdalenas de semillas

 listo en 5 minutos

 15 minutos de cocción

 para 4 magdalenas

almendra molida
150 g

azúcar
50 g

huevos
× 3

semillas de chía
1 cucharada

pipas de girasol
3 cucharadas

canela molida
1 cucharadita

○ Precaliente el horno a 180 °C.

○ Mezcle la almendra molida con la canela y el azúcar, y luego añada los huevos.

○ Incorpore la chía y las pipas.

○ Reparta la pasta en moldes para magdalenas y cuézalas en el horno 15 minutos.

Pan de plátano

 listo en 15 minutos

 45 minutos de cocción

 para 6 personas

plátanos
× 4

harina de garbanzo
150 g

○ Precaliente el horno a 180 °C.

○ Mezcle el azúcar con los huevos y 3 plátanos chafados. Añada la harina, la levadura y las pepitas de chocolate.

○ Vierta la pasta en un molde rectangular hondo, disponga encima 1 plátano cortado por la mitad a lo largo y cueza el pan en el horno 45 minutos.

azúcar de caña
80 g

huevos
× 2

levadura sin gluten
× 1 sobrecito

pepitas de chocolate
70 g

Tarta de peras

 listo en 15 minutos

 45 minutos de cocción

 para 6 personas

peras
× 4

mantequilla
110 g

miel cremosa
180 ml

harina de maíz
70 g

huevos
× 3

nata líquida
120 ml

○ Precaliente el horno a 180 °C.

○ Pele las peras y córtelas en cuartos. Quíteles el corazón y dispóngalas sobre la base de un molde redondo de 20 cm de diámetro untado con mantequilla.

○ Derrita la mantequilla e incorpore la miel. Añada la harina de maíz y, a continuación, los huevos de uno en uno. Incorpore finalmente la nata.

○ Vierta la pasta sobre las peras y cueza la tarta en el horno 45 minutos.

Brownie

 listo en 10 minutos

 20 minutos de cocción

 para 6 personas

azúcar
100 g

cacao en polvo
20 g

chocolate de pastelería
200 g

maicena
40 g

mantequilla
80 g

huevos
× 3

○ Precaliente el horno a 180 °C.

○ Bata los huevos e incorpore el azúcar, el cacao y la maicena. Derrita el chocolate con la mantequilla y añádalo.

○ Vierta la pasta en un molde forrado con papel vegetal y cueza el brownie en el horno 20 minutos.

Bolitas de coco

 listo en 5 minutos

 10 minutos de cocción

 para 4 personas

coco rallado
180 g

claras de huevo
× 2

○ Precaliente el horno a 210 °C.

○ En un bol, mezcle con la
punta de los dedos el coco
con las claras, el azúcar y el
extracto de vainilla. Forme
bolitas y hornéelas 10 minutos.

azúcar
120 g

extracto de vainilla
1 cucharadita

○ Derrita el chocolate al baño
maría y moje las bolitas.

○ Deje que se enfríen sobre
una hoja de papel vegetal.

chocolate negro
200 g

Cookies de cacahuete

 listo en 5 minutos

 12 minutos de cocción

 para 12 cookies

crema de cacahuete
250 g

azúcar
200 g

huevo
× 1

○ Precaliente el horno a 180 °C.

○ Mezcle todos los ingredientes en un bol.

○ Forme bolitas con la pasta y dispóngalas en la bandeja del horno forrada con papel vegetal.

○ Aplane las bolitas con un tenedor y cueza las cookies en el horno 12 minutos para que queden cremosas.

Cookies de chocolate

 listo en 10 minutos

 15 a 20 minutos de cocción

 para 10 cookies

mantequilla ablandada
90 g

azúcar mascabado
100 g

○ Precaliente el horno a 160 °C.

○ Con un batidor de varillas, mezcle la mantequilla ablandada con el azúcar y el huevo. Añada la harina y la levadura y siga batiendo.

huevo
× 1

harina de garbanzo
130 g

○ Amáselo con las manos y añada el chocolate partido en trozos grandes.

○ Forme bolas del tamaño de una pelota de golf, aplánelas un poco y cueza las cookies en el horno de 15 a 20 minutos.

chocolate con leche
100 g

levadura sin gluten
½ cucharadita

Magdalenas

 listo en 10 minutos

 10 a 15 minutos de cocción

 para 12 magdalenas

mantequilla
100 g

huevos
× 2

○ Mezcle los huevos con el azúcar. Añada las harinas y la levadura, y luego incorpore la mantequilla derretida.

○ Deje la pasta en el frigorífico un mínimo de 6 horas.

○ Precaliente el horno a 210 °C. Rellene con la pasta moldes para magdalenas francesas hasta los 3/4 y colóquelos sobre la rejilla del horno. Cueza las magdalenas de 10 a 15 minutos.

azúcar
80 g

harina de arroz
80 g

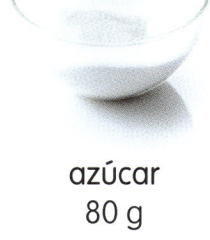

maicena
60 g

levadura sin gluten
½ cucharadita

Melocotones asados

 listo en 10 minutos

 10 minutos de cocción

 para 4 personas

melocotones
× 4

miel
4 cucharadas

○ Precaliente el gratinador
del horno a 220 °C.

○ Parta los melocotones por
la mitad y quíteles el hueso.
Dispóngalos bocarriba en la
bandeja del horno, rocíelos con
la miel y ponga un poco de
mantequilla en cada hueco.

mantequilla
30 g

pistachos
30 g

○ Ase los melocotones unos
10 minutos, hasta que
estén bien dorados.

○ Sírvalos de inmediato, con yogur
griego y pistachos troceados.

yogur griego
350 g

Panna cotta

 listo en 10 minutos

 **10 minutos de cocción
6 horas de reposo**

 para 4 personas

nata líquida
350 ml

salsa de frambuesa
150 ml

○ En un cazo, caliente la nata con la salsa de frambuesa y el azúcar. Apártelo del fuego antes de que hierva y añada las hojas de gelatina. Mezcle bien para que se disuelvan por completo.

azúcar
100 g

gelatina
× 4 hojas

○ Reparta la crema en terrinas y deje que se enfríen. A continuación, déjelas en el frigorífico al menos 6 horas.

fresas
× 12

frambuesas
× 12

○ Sirva la panna cotta con las fresas cortadas por la mitad o en láminas y las frambuesas.

Crumble de manzana

 listo en 10 minutos

 1 hora de cocción

 para 4 personas

manzanas verdes
× 4

mantequilla
110 g

○ Precaliente el horno a 180 °C.

○ Pele las manzanas, trocéelas,
espolvoréelas con el azúcar
blanco y dispóngalas en
una fuente para el horno.

harina de arroz
130 g

azúcar mascabado
120 g

○ Mezcle la harina y el azúcar
mascabado con la canela y
luego añada la mantequilla fría,
trabajando con los dedos para
obtener una textura arenosa.

○ Esparza la preparación por
encima de la manzana
y cueza el crumble en el
horno de 50 a 60 minutos.

azúcar
50 g

canela molida
1 cucharadita

Pastel de chocolate

chocolate negro
200 g

mantequilla
200 g

 listo en 15 minutos

 25 minutos de cocción

 para 8 personas

○ Precaliente el horno a 190 °C.

○ Derrita el chocolate con la mantequilla y añada el azúcar.

○ Incorpore los huevos de uno en uno, luego la harina, y remueva hasta obtener una pasta lisa.

○ Vierta la pasta en un molde de 20 cm de diámetro y cueza el pastel en el horno 25 minutos.

azúcar
250 g

huevos
× 5

harina de arroz
1 cucharada

Pastel de queso japonés

 listo en 10 minutos

 15 minutos de reposo
45 minutos de cocción

 para 8 personas

chocolate blanco
120 g

queso para untar
120 g

○ Precaliente el horno a 170 °C.

○ Derrita el chocolate blanco y
   mézclelo con el queso. Añada
   las yemas de los huevos,
   la ralladura de naranja y el
   agua de azahar. Monte las
   claras a punto de nieve e
   incorpórelas a la crema.

huevos
× 3

ralladura de naranja
× 1

○ Vierta la preparación en un
   molde forrado con papel vegetal
   y cueza el pastel en el horno,
   al baño maría, 15 minutos.
   Baje la temperatura a 160 °C
   y cuézalo otros 15 minutos.

○ Apague el horno con el
   pastel dentro y déjelo
   ahí 15 minutos más.

agua de azahar
1 cucharada

Tarta rústica

base para tarta de trigo
sarraceno (receta 67)
× 1

compota de manzana
100 ml

manzanas
× 3

azúcar mascabado
3 cucharadas

mantequilla
30 g

 listo en 10 minutos

 40 minutos de cocción

 para 6 personas

○ Precaliente el horno a 180 °C.

○ Extienda la base de la tarta sobre una hoja de papel vegetal. Reparta por encima la compota y luego vaya disponiendo desde el centro las manzanas cortadas en láminas finas.

○ Espolvoree el azúcar por encima y reparta a continuación la mantequilla en trocitos.

○ Doble los bordes de la masa por encima de la manzana, unos 3 cm. Cueza la tarta en el horno 40 minutos.

Tarta de chocolate

Base para tarta dulce
(receta 66)
× 1

chocolate negro
250 g

nata líquida
150 ml

miel
40 g

frambuesas
250 g

listo en 10 minutos

2 horas de reposo
15 minutos de cocción

para 6 personas

○ Precaliente el horno a 180 °C.

○ Extienda la masa y forre con ella un molde para tarta. Cuézala en el horno 15 minutos.

○ Lleve la nata a ebullición y viértala sobre el chocolate troceado y la miel.

○ Vierta la crema de chocolate sobre la base de la tarta ya cocida y déjela 2 horas en el frigorífico. Sirva la tarta adornada con las frambuesas.

Espaguetis de calabacín

 listo en 10 minutos

 2 minutos de cocción

 para 2 personas

calabacines
× 2

tomates secos
× 12

mozzarella
200 g

olivas sin hueso
× 12

hierbas de Provenza
1 cucharada

aceite de oliva
2 cucharadas

○ Pele los calabacines. Con un cortador en espiral o un pelapatatas, corte los calabacines en espaguetis.

○ Caliente el aceite a fuego fuerte, rehogue los espaguetis de calabacín 2 minutos con las hierbas y, a continuación, añada los tomates secos troceados.

○ Sirva los espaguetis con el aceite de cocción, las olivas, la mozzarella cortada en rodajas, sal y pimienta.

Ensalada de brócoli y feta

listo en 10 minutos

15 minutos de cocción

para 2 personas

brócoli
× 1

pipas de girasol
70 g

○ Precaliente el horno a 220 °C.

○ Pique los ramitos del brócoli
y extiéndalos en una fuente
para el horno con las pipas
y las hierbas. Rocíelo con el
aceite y hornéelo 15 minutos.

aceite de oliva
1 cucharada

queso feta
150 g

○ Al sacarlo del horno, añada
el feta cortado en daditos
y las pasas. Salpimiente.

pasas
70 g

hierbas de Provenza
1 cucharadita

Ensalada de quinoa y rúcula

 listo en 5 minutos

 11 minutos de cocción

 para 2 personas

quinoa
100 g

guisantes
80 g

○ Cueza la quinoa en 250 ml de agua 1 minuto. Tape el cazo y déjela hervir a fuego lento 10 minutos más.

queso feta
100 g

menta fresca
12 hojas

○ Esponje la quinoa con un tenedor y añada los guisantes, el feta cortado en daditos, las hojas de menta cortadas en tiras, la rúcula y el zumo de limón. Salpimiente.

rúcula
1 puñado

zumo de limón
2 cucharadas

Arroz de coliflor

 listo en 20 minutos

 40 minutos de cocción

 para 4 personas

coliflor
× ½

arroz integral
150 g

boniato
× 2

perejil
× 12 ramitas

aceite de oliva
3 cucharadas

zumo de limón
4 cucharadas

○ Precaliente el horno a 220 °C.

○ Pele el boniato, córtelo en daditos, rocíelo con una cucharada de aceite y áselo en el horno 15 minutos. 5 minutos antes del final de la cocción, añada la coliflor rallada.

○ Lleve el arroz a ebullición en agua salada, tápelo y déjelo cocer a fuego lento 40 minutos.

○ Escurra el arroz y mézclelo con la coliflor y el boniato. Sírvalo aderezado con el perejil picado, el aceite de oliva y el zumo de limón.

Calabaza y col asadas

 listo en 20 minutos

 30 minutos de cocción

 para 4 personas

calabaza
× 1 pequeña

coliflor
× 1

anacardos
90 g

cilantro
× 1 puñado

○ Precaliente el horno a 220 °C.

○ Corte la calabaza en daditos y parta en dos los ramitos de la coliflor. Rocíelo todo con el aceite. Áselo en el horno 30 minutos.

○ Añada los anacardos, las hojas del cilantro y la guindilla. Salpimiente.

copos de guindilla
1 cucharadita

aceite de oliva
2 cucharadas

Ensalada de kale y boniato

 listo en 15 minutos

 20 minutos de cocción

 para 2 personas

col kale
150 g

boniato
× 2

garbanzos cocidos
× 1 tarro

curri en polvo
1 cucharadita

aceite de oliva
1 cucharada

tahín
1 cucharada

○ Precaliente el horno a 200 °C.

○ Pele los boniatos, córtelos en daditos y mézclelos con los garbanzos escurridos.

○ Rocíelo con el aceite y esparza el curri por encima. Hornéelo 20 minutos.

○ Corte el kale en tiras y añada el boniato y los garbanzos. Aderece la ensalada con el aceite y el tahín. Salpimiente.

Bol de espinacas y aguacate

 listo en 10 minutos

 6 minutos de cocción

 para 2 personas

zanahorias
× 2

dientes de ajo
× 2

○ Caliente el aceite a fuego medio y rehogue 4 minutos las zanahorias cortadas en rodajas finas.

○ Añada el ajo picado fino y rehogue otros 2 minutos.

espinacas tiernas
× 2 puñados

aguacate
×1

○ Dispóngalo en boles con el aguacate cortado en láminas, las espinacas y los brotes de alfalfa. Salpimiente.

brotes de alfalfa
× 1 puñado

aceite de oliva
2 cucharadas

Ensalada mediterránea

 listo en 10 minutos

 15-20 minutos de cocción

 para 2 personas

halloumi
300 g

judías verdes
200 g

○ Despunte las judías y rehóguelas 5-10 minutos a fuego fuerte en una sartén con un poco de aceite.

vinagre balsámico
2 cucharadas

rúcula
× 1 puñado

○ Caliente el aceite restante en otra sartén y dore el queso 2 minutos por cada lado.

○ Reparta las judías y el queso en dos platos. A continuación, disponga al lado la rúcula y el jamón, y rocíe con el vinagre. Salpimiente.

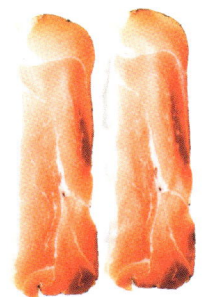

jamón de Parma
× 4 lonchas

aceite de oliva
2 cucharadas

Tarta de queso de cabra

 listo en 10 minutos

 30 minutos de cocción

 para 6 personas

base para tarta salada
(receta 65)
× 1

chalotes
× 8

○ Precaliente el horno a 180 °C.

○ Pele los chalotes y córtelos en rodajas. Dórelos 6 minutos a fuego fuerte con un chorrito de aceite y el vinagre balsámico.

vinagre balsámico
2 cucharadas

huevos
× 2

○ Bata los huevos con la nata. Corte el queso en rodajas.

○ Extienda la masa y cubra con ella un molde para tarta de 30 cm de diámetro. Disponga el sofrito de chalote y el queso, y luego vierta la mezcla de huevo. Salpimiente. Cueza la tarta en el horno 30 minutos.

nata líquida
250 ml

tronco de queso de cabra
× 1

Tarta de calabacín y tomate

 listo en 10 minutos

 30 minutos de cocción

 para 6 personas

base para tarta salada
(receta 65)
× 1

mostaza
1 cucharada

calabacines
× 2

tomates cherry
300 g

queso feta
150 g

aceite de oliva
1 cucharada

○ Precaliente el horno a 180 °C.

○ Corte los calabacines en rodajas, parta los tomates por la mitad y desmenuce el queso.

○ Extienda la masa y cubra con ella un molde para tarta de 30 cm de diámetro. Úntelo con la mostaza.

○ Disponga sobre la base las rodajas de calabacín, los tomates y el feta. Rocíelo con el aceite y salpimiente. Cueza la tarta en el horno 30 minutos.

Pizza de salmón

 listo en 5 minutos

 12 minutos de cocción

 para 6 personas

masa para pizza
(receta 68)
× 1

salmón ahumado
× 6 lonchas

○ Precaliente el horno a 240 °C.

○ Enharine bien la masa y
extiéndala en la bandeja del
horno forrada con papel vegetal.

alcaparras
1 cucharada

nata fresca espesa
4 cucharadas

○ Disponga por encima las
lonchas de salmón y la nata.
Hornee la pizza 12 minutos.

○ Cuando la saque del horno,
esparza por encima las
alcaparras y la ramita de
eneldo picada, y rocíe
con el zumo de limón.

zumo de limón
1 cucharada

eneldo
× 1 ramita

Risotto al horno

 listo en 10 minutos

 50 minutos de cocción

 para 4 personas

arroz bomba
200 g

cebolla
× 1

champiñones
300 g

caldo
750 ml

vino blanco
60 ml

parmesano
80 g

○ Precaliente el horno a 200 °C.

○ En una cazuela de hierro colado, sofría 3 minutos la cebolla picada con un chorrito de aceite. Eche el arroz y el vino, y rehogue 1 minuto más.

○ Añada los champiñones cortados en láminas y 600 ml de caldo, y cuézalo en el horno 45 minutos.

○ Cuando lo saque, añada el resto del caldo y el parmesano rallado. Salpimiente.

Curri de lentejas

 listo en 15 minutos

 20 minutos de cocción

 para 4 personas

lentejas verdes crudas
250 g

garbanzos
× 1 tarro

zanahoria
× 1

curri en polvo
2 cucharadas

leche de coco
400 ml

cebolla
× 1

○ Pique la cebolla y ralle las zanahorias. Rehóguelas durante 3 minutos en una sartén grande con un chorrito de aceite.

○ Añada las lentejas, el curri, la leche de coco y 650 ml de agua. Cuézalo a fuego lento 20 minutos.

○ Escurra los garbanzos y añádalos al curri justo antes de servirlo. Salpimiente.

Gratinado de hinojo

 listo en 20 minutos

 45 minutos de cocción

 para 4 personas

patatas
600 g

bulbos de hinojo
× 2

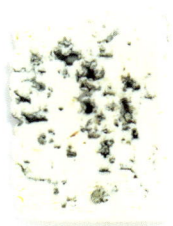

queso azul
250 g

nata fresca espesa
300 ml

cebollino
× 6 tallos

○ Precaliente el horno a 200 °C.

○ Pele las patatas y córtelas en láminas muy finas. Limpie los bulbos de hinojo quitando la raíz y las hojas, y córtelos también en láminas finas.

○ Disponga la mitad de las patatas y del hinojo en una fuente para el horno. Cúbralo con la mitad de la nata y esparza la mitad del queso. Repita la operación en una segunda capa.

○ Deje la fuente en el horno 45 minutos y sírvalo con el cebollino picado por encima.

Espaguetis con verduras

espaguetis sin gluten
280 g

brócoli
250 g

 listo en 5 minutos

 7 minutos de cocción

 para 4 personas

guisantes
100 g congelados

anacardos
70 g

nata líquida
300 ml

○ Cueza los espaguetis en agua con sal siguiendo las instrucciones del paquete y escúrralos.

○ En una sartén a fuego fuerte, saltee 4 minutos los ramitos de brócoli partidos por la mitad en un chorrito de aceite.

○ Añada los guisantes, la nata, los espaguetis y los anacardos.

○ Rehóguelo a fuego medio 3 minutos. Salpimiente.

Brochetas de pollo al coco

pechugas de pollo
× 4

arroz integral
200 g

 **listo en 15 minutos**

 40 minutos de cocción

 para 4 personas

○ Ponga a hervir el arroz en agua salada, tápelo y luego cuézalo a fuego lento 40 minutos.

leche de coco
200 ml

crema de cacahuete
120 ml

○ Caliente la leche de coco en una sartén y añada la crema de cacahuete y el caldo. Deje que se espese a fuego lento 5 minutos.

○ Corte el pollo en trozos y ensártelo en brochetas. Áselas a fuego fuerte en una satén engrasada, 2 minutos por cada lado.

caldo de pollo
60 ml

cilantro
× 1 puñado

○ Disponga las brochetas sobre el arroz escurrido, rocíe con la salsa y esparza el cilantro por encima. Salpimiente.

Bacalao y mango en papillote

 listo en 20 minutos

 50 minutos de cocción

 para 4 personas

filetes de bacalao fresco
× 4

arroz salvaje
200 g

leche de coco
400 ml

mangos
× 2

curri en polvo
4 cucharaditas

○ Precaliente el horno a 180 °C.

○ Ponga a hervir el arroz en agua salada, tápelo y luego cuézalo a fuego lento 50 minutos.

○ Disponga en 4 hojas de papel vegetal un filete de bacalao, daditos de mango y 100 ml de leche de coco, y esparza el curri por encima. Grape el papel para cerrar los paquetes y dispóngalos en una fuente para el horno. Cuézalo en el horno 30 minutos.

○ Escurra el arroz y sírvalo con el pescado en su envoltorio. Salpimiente.

Macarrones con pollo

pechugas de pollo
450 g

tomate troceado
× 1 lata

 listo en 10 minutos

 25 minutos de cocción

 para 4 personas

○ Corte el pollo en dados y saltéelo 3 minutos con el ajo majado en una cazuela con un chorrito de aceite.

○ Añada el resto de los ingredientes y cuézalo a fuego lento 20 minutos. Salpimiente.

olivas
40 g

dientes de ajo
× 2

caldo de pollo
850 ml

macarrones sin gluten
450 g

Carne al estilo mexicano

 listo en 15 minutos

 10 minutos de cocción

 para 4 personas

tomate troceado
× 1 lata

filete de buey
600 g

○ En una sartén a fuego fuerte con un chorrito de aceite, saltee 30 segundos la carne troceada con las especias.

pimientos
× 2

cebolla
× 1

○ Añada la cebolla picada y los pimientos cortados en tiras, y saltee 1 minuto. Añada el tomate y cuézalo a fuego medio 5 minutos.

○ Hierva la quinoa a fuego fuerte en 600 ml de agua 1 minuto. Tápela y déjela a fuego lento 10 minutos.

mezcla mexicana
de especias
1 cucharada

quinoa
240 g

○ Esponje la quinoa con un tenedor y mézclela con la carne. Salpimiente.

Salmón con corteza

 listo en 15 minutos

 15 minutos de cocción

 para 4 personas

lomo de salmón
× 4 porciones

nueces
50 g

almendras
50 g

mantequilla
30 g

parmesano
30 g

perejil
× 6 ramitas

○ Precaliente el horno a 180 °C.

○ Pique las nueces y las almendras, y mézclelas con la mantequilla ablandada, el perejil picado y el parmesano rallado.

○ Disponga el salmón en una fuente para el horno y reparta por encima la mezcla anterior.

○ Rocíelo con un chorrito de aceite y déjelo en el horno 15 minutos. Salpimiente.

Salteado de langostinos

fideos de trigo sarraceno
200 g

espárragos
300 g

 listo en 15 minutos

 10 minutos de cocción

 para 4 personas

langostinos
800 g

edamame
80 g

almendras fileteadas
50 g

salsa de soja
50 ml

O Cueza los fideos 2 minutos en agua con sal. Eche los espárragos cortados en trozos y cuézalo otros 2 minutos.

O Escúrralo todo y añada el edamame y la salsa de soja.

O En una sartén a fuego fuerte con un chorrito de aceite, sofría los langostinos 1 minuto 30 segundos por cada lado.

O Sirva los langostinos pelados sobre los fideos, con las almendras fileteadas esparcidas por encima.

Ensalada de lentejas y chorizo

 listo en 15 minutos

 15 minutos de cocción

 para 4 personas

chorizo
250 g

lentejas verdes cocidas
× 800 g

○ Deseche los nervios gruesos de la col kale y reserve las hojas.

col kale
× 12 hojas

romero fresco
2 ramitas

○ En una sartén a fuego medio, rehogue 4 minutos las zanahorias cortadas en rodajas. Añada el chorizo cortado en rodajas de 5 mm y rehogue otros 6 minutos.

○ Añada las lentejas escurridas, la col kale cortada en tiritas y el romero picado (o 2 cucharaditas de romero seco).

zanahorias
× 3

○ Rehogue 2 minutos. Salpimiente.

Harina para pan sin gluten

 listo en 5 minutos

 sin cocción

 para 1 kg de harina

harina de arroz
500 g

harina de sorgo
225 g

○ Mezcle todos los ingredientes con cuidado, de manera que la goma de xantana se reparta uniformemente.

harina de tapioca
110 g

almidón de patata
110 g

○ Conserve la harina en un recipiente hermético.

○ Esta mezcla es perfecta para hacer panes sin gluten.

goma de xantana
25 g

Base para tarta salada

 listo en 5 minutos

 sin cocción

 para 1 base de tarta

harina de arroz
100 g

maicena
100 g

○ Mezcle todos los ingredientes en el robot de cocina o a mano.

○ Trabájelo hasta obtener una masa uniforme.

○ Utilícela de inmediato.

harina de maíz
50 g

huevo
× 1

aceite de oliva
100 ml

goma de xantana
½ cucharadita

Base para tarta dulce

 listo en 5 minutos

 1 hora de reposo sin cocción

 para 1 base de tarta

harina de arroz
90 g

maicena
80 g

azúcar glas
20 g

mantequilla
75 g

huevo
× 1

goma de xantana
½ cucharadita

○ Corte la mantequilla en trocitos y mezcle todos los ingredientes 30 segundos, en el robot de cocina o a mano.

○ Trabájelo hasta obtener una masa uniforme.

○ Forme una bola con la masa y déjela reposar en el frigorífico 1 hora.

Base de trigo sarraceno

harina de trigo sarraceno
200 g

mantequilla
65 g

 listo en 5 minutos

 1 hora de reposo sin cocción

 para 1 base de tarta

○ Corte la mantequilla en trozos y mezcle los ingredientes con 75 ml de agua 30 segundos, en el robot de cocina o a mano.

○ Trabájelo hasta obtener una masa uniforme.

○ Extienda la masa en un círculo de 3 mm de grosor sobre una hoja de papel vegetal y déjela reposar en el frigorífico 1 hora.

Masa para pizza

 listo en 10 minutos

 10 minutos de reposo sin cocción

 para 1 pizza

harina de garbanzo
180 g

aceite de oliva
2 cucharadas

○ Mezcle todos los ingredientes 30 segundos, en el robot de cocina o a mano.

sal
½ cucharadita

hierbas de Provenza
1 cucharadita

○ Trabájelo hasta obtener una masa uniforme.

○ Póngala en un bol y déjela reposar 10 minutos en el frigorífico.

¿Qué hacer con...?

Título original: *Sans Gluten Super Facile*

© 2025 Librero b.v. (edición española)
Hambakenwetering 8B
5231 DC 's-Hertogenbosch
Países Bajos
www.librero.nl

© Hachette – Livre (Marabout), 2017
Fotografía de los ingredientes © Audrey Fitzjohn, Akiko Ida, Charlotte Lascève,
Elise Watson, Richard Boutin, Valéry Guédès y Pierre Javelle

Producción edición española:
Tanja Timmerman vertaling & redactie
Traducción y maquetación del interior: Victoria Cervantes

Distribución exclusiva de la edición española:
LIBRERO IBP
C/ Paseo de los Olmos, n° 20
Planta 1ª, Oficina 7
28005 MADRID
www.librero-ibp.es

Printed by GPS Group

ISBN: 978-94-6499-161-1